BEI GRIN MACHT SICH IHR WISSEN BEZAHLT

- Wir veröffentlichen Ihre Hausarbeit, Bachelor- und Masterarbeit

- Ihr eigenes eBook und Buch - weltweit in allen wichtigen Shops

- Verdienen Sie an jedem Verkauf

Jetzt bei www.GRIN.com hochladen und kostenlos publizieren

Jan Seichter

Prävention von Gewalt an Schulen

GRIN Verlag

Bibliografische Information der Deutschen Nationalbibliothek:

Die Deutsche Bibliothek verzeichnet diese Publikation in der Deutschen National-bibliografie; detaillierte bibliografische Daten sind im Internet über http://dnb.d-nb.de/ abrufbar.

Impressum:

Copyright © 2013 GRIN Verlag GmbH
Druck und Bindung: Books on Demand GmbH, Norderstedt Germany
ISBN: 978-3-656-60556-0

Dieses Buch bei GRIN:

http://www.grin.com/de/e-book/269442/praevention-von-gewalt-an-schulen

GRIN - Your knowledge has value

Der GRIN Verlag publiziert seit 1998 wissenschaftliche Arbeiten von Studenten, Hochschullehrern und anderen Akademikern als eBook und gedrucktes Buch. Die Verlagswebsite www.grin.com ist die ideale Plattform zur Veröffentlichung von Hausarbeiten, Abschlussarbeiten, wissenschaftlichen Aufsätzen, Dissertationen und Fachbüchern.

Besuchen Sie uns im Internet:

http://www.grin.com/

http://www.facebook.com/grincom

http://www.twitter.com/grin_com

Einleitung

„Der Retter hatte gerade das erste Opfer erfolgreich mit Erste-Hilfe-Maßnahmen behandelt, da sah er eine [weitere] Frau, die kurz vor dem Ertrinken war, und zog auch sie an Land. Die Geschichte wiederholte sich ein halbdutzend Mal, aber plötzlich drehte sich der Retter um und lief davon, während der Fluss einen weiteren Ertrinkenden herantrug. ‚Willst du den etwa nicht retten?‘, fragte ein in der Nähe stehender Mensch. ‚Zum Teufel, nein‘, erwiderte der Retter. ‚Ich gehe jetzt flussaufwärts und schaue nach, was alle diese Leute ins Wasser schubst.‘“ (Bertet/Keller 2011: S. 29).

Diese kurze Geschichte verdeutlicht das Wesen der Prävention vor allem im Vergleich zur Intervention auf eindrückliche Art und Weise und dient ebenso dazu, einige Probleme der Prävention zu verdeutlichen.

Wie aus dieser Geschichte abgeleitet werden kann, bezieht sich Prävention nicht auf das tatsächliche Verhalten einer Person, sondern auf die Umstände, die zu einem unerwünschten Verhalten führen und die Faktoren, die dabei eine Rolle spielen. In dem hier gewählten Kontext der Prävention von Gewalt an Schulen, wären diese Faktoren die Erwachsenen, Lehrer, Mitschüler, Peers und räumlichen Umstände, die einen Schüler dahingehend beeinflussen können Gewalt zu zeigen oder sie abzulehnen. Der verwendete Gewaltbegriff dieses Kapitels ist dabei sehr weit gefasst. Sowohl körperlich als auch seelische Gewalt wie auch Aggressionen, die sich gegen Schuleigentum richten, werden hier als Gewalt verstanden. Sollte diese Definition in Einzelfällen noch mehr ausgeweitet oder aber eingeschränkt werden, wird dies explizit angesprochen.

Vom lateinischen *prävenire* stammend, bezeichnet die Prävention alle Maßnahmen, die zur Verhinderung oder Verminderung von Gewalt dienen (vgl. Bertet/Keller 2011: S. 29 f.). Dabei können entsprechend Caplan drei Varianten der Gewaltprävention unterschieden werden, die sich auf den Zeitpunkt des Eingreifens beziehen. Die primäre Gewaltprävention soll gewaltbereitschaft und gewalttätiges Verhalten erst gar nicht entstehen lassen und wendet sich damit an alle Schüler, während sich die sekundäre Prävention auf eine sich abzeichnende Gewaltentwicklung bezieht, die rechtzeitig erkannt werden soll, um ihr wirksam entgegenzutreten. Die tertiäre Gewaltprävention beschreibt die Verhinderung des Rückfalls bereits gewaltauffälliger Schüler. Das Ziel schulischen Handelns unter diesem Aspekt besteht also darin, pädagogisch Arbeit so zu gestalten, dass Gewalt gar nicht auftritt oder dass das bereits registrierte Gewaltniveau deutlich reduziert wird. Notwendig dafür ist der Aufbau prosozialen Verhaltens, denn die Abwesenheit von Aggression lässt sich nur an dem

Vorhandensein von positivem Sozialverhalten wirklich sicher ausmachen. (vgl. Bertet/Keller 2011: 30 f.) Allerdings unterliegt prosoziales Verhalten einer gewissen Veränderung, da sie ein gewisses Maß an Reife erfordert. Um es zu erreichen, muss der Lehrer und die Schule eine Atmosphäre schaffen, in der prosoziales Verhalten bemerkt und vor allem auch belohnt wird (vgl. Schramkowski 2012: 115).

Die primäre und sekundäre Gewaltprävention soll in dieser Arbeit die Hauptrolle spielen, da sie dem hier gewählten definitorischen Verständnis noch am nächsten kommen. Beipiele für den Bereich der primären Gewaltprävention wäre das Programm „Faustlos", dass für die Klassen eins bis vier entwickelt wurde oder aber das Programm „Lions-Quest", das sich speziell an die Klassen fünf und sechs richtet. Im sekundären Bereich finden sich gezielte Workshops wie das „Anti-Aggressivitäts-Training" oder auch „Coolness-Training", welche vom Institut für Sozialarbeit und Sozialpädagogik in Frankfurt (ISS) und vom Deutschen Institut für Konfrontative Pädagogik in Hamburg (IKD) angeboten werden.

Maßnahmen zur Gewaltprävention bergen jedoch immer die Gefahr aktionistisch, also ohne Konzept, vorzugehen, wodurch ihre Wirkung nicht anschlägt. Dies geschieht vor allem dann, wenn Gewaltereignisse eine Schule unter Handlungsdruck setzen (vgl. Bertet/Keller 2011: 32). Um dieser Konzeptlosigkeit vorzubeugen, sollen im Folgenden einige Konzepte beschrieben werden. Ausführliche Programme wie zum Beispiel das bereits angesprochene Coolness-Training werden hier nicht behandelt, da dies mehrtägige bzw. mehrwöchige Workshops für Klassen sind, die sich leicht über eine Internetrecherche finden lassen. Sie bedürfen jedoch ihrer großen Ausführlichkeit und professioneller Anleitung, um Handlungstragend zu sein, weshalb sie sich für diesen begrenzten Rahmen weniger eignen.

Die Täter-Opfer-Typologie – Erkennen um zu Handeln

Um Gewaltprävention direkt auf der Ebene des Schülers betreiben zu können, ist es wichtig für Lehrkräfte zu erkennen, von wem die Gewalt ausgeht in einer Auseinandersetzung ausgeht und vor allem wer von ihr betroffen ist. Jene Schüler, die Gewalttaten ausüben, werden von Wolfgang Melzer und Parviz Rostampour als „Täter" begriffen (vgl. Rostampour/Melzer 1996). Jene die diesen Taten ausgesetzt sind hingegen als „Opfer" (vgl. Rostampour/Melzer 1996).

Die Täter bilden den auffälligeren Part dieser Gruppierung. Sie zeichnen sich durch ein hohes Selbstwertgefühl auf und agieren oft in Gruppen. Dies zeigt sich durch eine Untersuchung von Wolfgang Melzer, Wilfried Schubarth und Frank Ehninger, in welcher nachgewiesen werden konnte, dass es mehr Schüler mit Täterstatus (8%) als Opferstatus (7%) gibt, was nahelegt, dass im Schulkontext mehrere Schüler gegen einen einzelnen vorgehen oder eine größere Anzahl an Tätern gegen eine kleinere Gruppe von Opfern (vgl. Melzer/Schubarth/Ehninger 2011: 115). Das dadurch gewonnene Peerkapital der Täter sorgt in der Regel für Anerkennung und damit zusätzliche Bestärkung in den verübten Taten. Darüber hinaus meinen die Täter ihre Zeit außerhalb der Schule besser nutzen zu können, da sie sich innerhalb schulischer Aktivitäten von den Lehrern oft bereits als „abgeschrieben" betrachten, was auch daran liegen mag, dass sich in dieser Gruppe im Durchschnitt eher die schlechteren Schüler versammeln (vgl. Melzer/Schubarth/Ehninger 2011: 114). Ihrer Empfindung nach gehen die Lehrer mit ihrem Unterricht zu wenig auf sie ein, beantworten ihre Fragen nicht, halten sie für dumm, sind unfreundlich und vermitteln den Unterrichtsstoff schlecht (vgl. Melzer/Schubarth/Ehninger 2011: 114). Ganz gleich wie gerechtfertigt diese Annahme im konkreten Einzelfall auch immer sein mag, für das große Ganze beinhaltet sie eine wichtige Erkenntnis: egal wie wenig Interesse von Seiten des Schülers an der Schule oder dem Unterricht besteht, so ist der Lehrer doch eine wichtige Person und sein Verhalten von unglaublicher Relevanz für die Wahrnehmung des Schülers. Da der außerschulische Kontext jedoch einen derart hohen Rang einnimmt, sollten vielleicht gerade hier Ansätze erfolgen, diese Schüler zu erreichen. Der Zugang in der Gemeinde oder über organisierte Freizeitaktivitäten wie Sport, kann dabei sehr viel leichter fallen als über die Schule. Auch ihre Einstellung zu Gewalt ist keineswegs unveränderbar. Oft fehlt ihnen nicht einmal ein notwendiges Schuldbewusstsein. Es gelingt ihnen jedoch, dieses zu umgehen, indem sie ihr Verhalten ideologisch rechtfertigen, wie zum Beispiel, dass es manchmal eben notwendig sei, zu Gewalt zu greifen, um seine Interessen durchzusetzen (vgl. Melzer/Schubarth/Ehninger 2011: 114).

Opfer hingegen bilden in vielen Hinsichten den Gegensatz zu den Tätern. Sie sind häufig isolierte Außenseiter mit dem Gefühl keine Freunde finden zu können, weshalb sie auch seltener sozialen Gruppen oder Cliquen angehören. Diese soziale und klimatische Beeinträchtigungen bestehen oft bereits in der Familie, auch wenn die Eltern dieser Schüler häufig durchaus Interesse an der Schule zeigen und auch hohe Erwartungen an ihre Kinder stellen (vgl. Melzer/Schubarth/Ehninger 2011: 114 f.). Aus diesen Umständen resultiert ein geringes Selbstwertgefühl und Klagen über das schlechte Schulklima.

Diese Merkmalsaufzählung zieht eine für die Prävention sehr hinderliche Schlussfolgerung nach sich: Lehrer kennen oft nur die Extremen, nehmen aber selten die Unscheinbaren war. Eben diese Unscheinbaren stellen jedoch in den meisten Fällen gerade jene Gruppe an Schülern dar, die der Gewalt ausgesetzt sind. Tertiäre präventive Maßnahmen von Seiten der

Lehrer müssen also in erster Hinsicht darin beginnen, dass die notwendige Aufmerksamkeit herrscht, um sowohl Opfer als auch Täter wahrzunehmen bzw. bei Verdacht gezielt nach ihnen zu suchen (vgl. Melzer/Schubarth/Ehninger 2011: 120). Der zweite Schritt sollte darin bestehen, die unbeteiligten Schüler, also jene die weder in der Täter noch in der Opferrolle sind und immerhin 55,8% der Schülerschaft ausmachen, in die Geschehnisse mit einzubeziehen und sie dergestalt zu „Verbündeten" des Lehrers zu machen, da Schüler oft sehr viel mehr von ihren Mitschülern mitbekommen als die Lehrer (vgl. Melzer/Schubarth/Ehninger 2011: 115). Schließlich sollte durch die Thematisierung von Bedürfnissen und Rollen innerhalb der Klasse Schritt für Schritt versucht werden, das Außenseitertum für die betroffenen Schüler zu beseitigen, indem Empathie und Verständnis aufgebaut werden. (vgl. Rostampour/Melzer 1996: 135)

Allerdings muss hierbei auch beachtet werden, dass Täter ebenso Opfer und Opfer auch Täter sein können. So gibt es nach Parvis Rostampour und Wolfgang Melzer mehrere Faktoren, die sowohl für Täter als auch für Opfer konstitutiv sind bzw. Umstände die zur Ausprägung der beiden angesprochenen Rollenbilder führen (siehe Anhang 01 & vgl. Rostampour/Melzer 1996: 143). Dennoch herrscht hier ein gewisser Aging-out-Effect vor. Das bedeutet, dass die Beteiligung von Schülern an Gewalt für gewöhnlich nur eine Episode im Leben eines Schülers darstellt und nur sehr selten in eine „Täter-Karriere" (vgl. Melzer/Schubarth/Ehninger 2011: 122) mündet, auch wenn die Täter-Faktoren stabiler sind als die Opfer-Faktoren (vgl. Melzer/Schubarth/Ehninger 2011: 120). „Einmal Täter, immer Täter" stimmt also in den meisten Fällen nicht.

Der Etikettierungsansatz

Die Etikettierungstheorie ist in die primäre und sekundäre Prävention einzuordnen und geht davon aus, dass anhaltende Darstellung eines Schülers als Vertreter und Teil eines bestimmten Rollenspektrums dazu führt, dass der Schüler tatsächlich die Eigenschaften herausbilden, die für dieses Rollenspektrum typisch sind, auch wenn sie diese Eigenschaften vorher noch nicht hatten. Mit anderen Worten: wird einem Schüler fortwährend eine bestimmte Rolle unterstellt, wird er diese Rolle nach einer gewissen Zeit ganz von alleine annehmen (vgl. Schubarth/Melzer/Ehninger 2011: 64 f.). In der Psychologie wird dieser Ansatz auch als „Self-fulfilling prophecy" bezeichnet (vgl. Merton 1948). Auf diese Weise wird der Handlungsspielraum für den betreffenden Schüler eingeengt, was Konsequenzen für die soziale Rolle und das Selbstkonzept hat.

4

Etikettierung finden sehr oft über Vorurteile statt, bleibt den Lehrern selbst jedoch häufig verborgen (vgl. Melzer/Schubarth/Ehninger 2011: 65). Auf diese Weise kann ein Schüler in eine Rolle geradezu hineingedrängt werden, ohne sich bewusst dagegen zur Wehr setzen zu können, was zu einem starken Gefühl der Machtlosigkeit führen kann. Für das Zustandekommen des Täter- (.50) und Opferstatus (.33) ist der Etikettierungsansatz statistisch am stärksten und verfestigt diese eingenommenen Rollen auch noch, wenn sie einmal zustande gekommen sind (vgl. Schubarth/Melzer/ Ehninger 2011: 115).

Notwendig für Lehrer ist dementsprechend ihre Schüler darüber aufzuklären, was Recht und Unrecht ist, während sie selbst ihr Handeln an einem objektiven Maßstab der Gerechtigkeit ausrichten (vgl. Schubarth/Melzer/Ehninger 2011: 65). Dafür ist eine regelmäßige und effektive Selbstreflexion unumgänglich. Herabsetzungen und Stigmatisierungen müssen also unbedingt vermieden werden. Das bedeutet im Beispielfall eines Konflikts zwischen zwei Schülern, der vom Lehrer unterbrochen oder besprochen wird, dass immer die Erklärungen beider Schüler für den Konflikt angehört werden sollten und das im Zweifelsfall jeder eine zweite Chance verdient hat. Die Schwierigkeit in der Angemessenheit des Lehrerhandelns, ergibt sich vor allem daraus, dass nicht der Eindruck des Lehrers entscheidend ist über Gerechtigkeit oder Ungerechtigkeit sondern das subjektive Empfinden des Schülers. Je gerechter sich ein Schüler von seinem Lehrer behandelt fühlt, desto ausgeprägter ist sein Inklusionsempfinden, was sich positiv auf Motivation, schulische Leistung und schulisches Selbstkonzept auswirkt (vgl. Schubarth/Melzer/Ehninger 2011: 65 f.). Daher sollte ein Lehrer sich nie zu fein oder zu stur sein, seine Schüler hin und wieder auch einmal zu fragen, wie seine Äußerungen empfunden worden und sich im Zweifelsfall dafür zu entschuldigen.

Regeln und Leitbilder

Einer der besten Wege unerwünschtes Verhalten von vornherein zu vermeiden, ist klar und deutlich zu definieren, was mit unerwünschtem Verhalten gemeint ist. Regeln und Leitbilder einzuführen kann dabei sowohl zur primären als auch zur sekundären und tertiären Prävention eingesetzt werden. Normen zur Verhaltensorientierung, die mit den Schülern gemeinsam erarbeitet wurden, machen es außerdem leichter, abweichendes Verhalten zu ahnden und stellen eine wesentlich größere Hemmschwelle für die Schüler dar, gewisse Grenzen zu überschreiten (vgl. Rostampour/Melzer 1996: 133). Je institutionalisierter die Festlegung dieser Regeln sind und je mehr verantwortliche Personen in sie einbezogen werden, desto effektiver werden sie für die Schüler sein. So lassen beispielsweise einige Schulen in Schweden bereits die Eltern eines Schülers bei der Anmeldung an der Schule das geltende

Schulkonzept unterschreiben, das auch Sanktionen bei Zuwiderhandlung beinhaltet (vgl. Rostampour/Melzer 1996: 135-137).

Ein Schul- und Klassenkodex muss dabei so ausgestaltet sein, dass ein Rahmen mit klaren Regeln besteht, aber auch noch so viel Freiheit für den Schüler existiert, dass er seine Rolle noch individuell ausgestalten kann (Bertet/Keller 2011: 140). Eine Mitarbeit aller Schüler bzw. ihrer Vertretungen an einem derartigen Kodex ist von großer Bedeutung, damit er auf einer breiten Basis steht und alle Schüler auf seine Einhaltung bestrebt sind (Bertet/Keller 2011: 141 ff.).

Essentiell für die Wirkung von Regeln und Leitbildern ist natürlich, dass der Lehrer sie als oberstes Vorbild stets selbst einhält (vgl. Rostampour/Melzer 1996: 145). Sollte jedoch einmal ein Verstoß durch den Lehrer erfolgen, müssen auch für ihn die festgelegten Sanktionen oder gleichwertige Ersatzleistungen erbracht werden, da die Regeln andernfalls als bedeutungslos oder als bloße Willkür des Lehrers wahrgenommen werden (vgl. Rostampour/Melzer 1996: 146). Dennoch sollte nie vergessen werden, dass junge Menschen noch am Anfang ihres Lebens stehen und erst noch dazulernen müssen. Das Austarieren von Grenzen geht dabei immer auch punktuell mit deren Überschreitung einher (vgl. Rostampour/Melzer 1996: 145-148).

Lernen am Modell

Das psychologische Konzept des „Lernens am Modell" sagt aus, dass Gewalt von Seiten der Schüler auch aus zuvor gezeigter Gewalt durch den Lehrer entstehen kann (vgl. Bandura/Ross/Ross 1963). Die daraus resultierende vornehmlich primäre Präventionsmaßnahme liegt also darin, dass der Lehrer selbst nicht zum Vorbild für Gewalttaten im weiten Sinne werden darf.

Der dadurch anzurichtende Schaden ist deshalb so hoch, weil sich der Schüler in der Regel nicht einmal wehren kann. Der Lehrer steht in der Hierarchie über ihm und erweckt damit schnell den Eindruck eines unantastbaren willkürlichen Herrschers. Hat der Lehrer noch dazu, damit Erfolg, ist der Anreiz für den Schüler diese Verhaltensweisen nachzuahmen besonders hoch (vgl. Schubarth/Melzer/Ehninger 2011: 59).

Unter einer Zusammenstellung von Krumm und Eckstein der häufigsten Kränkungsarten von dem Lehrer an die Schüler finden sich immerhin 13 Kategorien (siehe Anhang 02 & Krumm/Eckstein 2001). Das wichtigste an dieser Aufstellung in diesem Kontext ist jedoch die Schlussfolgerung, die sich daraus ergibt: Lehrer, die sehr hohe Leistungsforderungen an ihre Schüler stellen, tauchen in dieser Aufzählung nicht auf und sind demnach auch nicht das

Problem. Es sind demnach nicht hohe Anforderungen, die Aggressionen in einem Schüler hervorrufen, sondern viel mehr abfälliges Verhalten des Lehrers. Unter dieses abfällige Verhalten zählt allerdings auch übermäßig zur Schau gestelltes fehlendes Vertrauen in einen Schüler bei Aufgaben mit einem Hohen Anforderungsgrad. Wie schon beim Etikettierungsansatz ist auch hier die Wahrnehmung des Schülers zentral, nicht der Eindruck des Lehrers, ob er sich vorbildhaft verhält oder nicht.

Ein großes Problem besteht hier natürlich darin, dass der Schulkontext nur einen gewissen, mehr oder weniger großen, Teil der Lebenswelt des Schülers ausmacht. Auf viele Bereiche wie Eltern, Peers und andere außerschulische Kontexte haben weder Lehrer noch die Schule als Institution tatsächlichen Einfluss (vgl. Schubarth/Melzer/Ehninger 2011: 60). Und wiederum innerhalb der Schule gibt es neben den Lehrern noch ein vielfältiges Modellangebot. Mitschüler können dabei aufgrund ihres Peerkapitals zu sehr viel stärkeren Vorbildern werden als die Lehrer. Dabei kann der Modelleffekt vor allem einen höheren Komplexitätsgrad einnehmen, was seine Beherrschung noch erschwert. Werden Störenfriede nämlich beispielsweise vom Lehrer mehr beachtet (und sei es in Form von Ermahnungen), könnte dies anstrebenswert für einen anderen Schüler sein, vor allem wenn die Reaktion anderer Schüler auf die Störung positiv ausfällt (vgl. Schubarth/Melzer/Ehninger 2011: 60). Je öfter ein störender Schüler erfolgreich mit seinem Verhalten durchkommt, desto mehr festigt sich deshalb sein ungewolltes Verhalten und breitet sich aus. Hierbei wiederum stellt sich Schweigen als eine fatale Lehrerreaktion heraus. Es zeigt nämlich Akzeptanz.

Gerade wegen dieser Komplexität und aufgrund von Situationen, in denen scheinbar jedes Verhalten des Lehrers als „falsch" zu bewerten wäre, muss die Kommunikation auch innerhalb des Lehrkörpers gestärkt werden. Das Thema mit einem Schüler oder gar einer ganzen Klasse nicht zurechtzukommen und auch didaktisch keinen Ausweg mehr zu kennen, muss endlich enttabuisiert werden, um den Dialog zwischen Lehrern zu fördern von der Einzelkämpfermentalität hin zur Teamarbeit zu gelangen, wobei auch die Eltern mit einbezogen werden sollten.

Doch selbst wenn ein Schüler sich einmal für Wortgefechte anbietet, sollte ein Lehrer mit Vorsicht vorgehen und im Zweifelsfall nicht davor zurückschrecken, den Schüler nach seinem Empfinden bezüglich dieses Wortgefechts zu fragen oder sich gar einmal zu entschuldigen.

Gewalt als eine Geschichte von Sekundengeschehnissen

Jede Kommunikationskette, die mit Gewalt endet, hat zwangsläufig irgendwo einen Anfang (vgl. Michels 2012: 96). Eine wirksame Präventionsmaßnahme setzt genau an diesem Anfang und an dem Faktor an, der für den Lehrer am effektivsten zu beeinflussen sind: dem Lehrer selbst. Diese Methode kann sowohl primär als auch sekundär präventiv eingesetzt werden. Ausgehend davon, dass Schwäche einem Menschen äußerlich anzusehen oder zumindest anzumerken ist, könnte diese Schwäche auch ebenso gut verborgen werden (vgl. Michels 2012: 96). Das sogenannte Körpergedächtnis soll dabei helfen die Vorstellung einer Situation zu reproduziert, in welcher das Gefühl unangreifbar und unerschütterlich zu sein dominierte (vgl. Michels 2012: 96). Auf diese Weise richtet sich die gesamte Körperhaltung an der vorgestellten Situation aus und signalisiert Stärke. Da Gewalt oft damit beginnt, dass sich eine Person oder eine Gruppe von Personen Raum nimmt (vgl. Michels 2012: 96). Will ein Lehrer diese ersten Signale bei Schülern nicht wahrnehmen, wird oft nur wertvolle Zeit verschwendet, die später oft nicht wieder aufgeholt werden kann. Gewalt ist eine Form von Kommunikation, der irgendwann erlaubt wurde, sich zu verbreiten (vgl. Michels 2012: 96).

Das Problem Schule – Gewalt „hausgemacht"

Diese primäre Variante der Gewaltprävention ist nur langfristig umsetzbar und in hohem Maße schulabhängig. Einige Autoren sehen hier bereits in den strukturellen Gegebenheiten der Schule gewaltförderndes Potential. Zwang, Regeln und der Leistungs- und Ausleseaspekt stellen nach dieser Ansicht das Problem dar (vgl. Moldenhauer/Wischer 2012). So zum Beispiel das Desintegrationstheorem von Wilhelm Heitmeyer (vgl. Moldenhauer/Wischer 2012: 88). Hiernach resultiert Gewalt aus fehlender gesellschaftlicher Teilhabemöglichkeit und der daraus resultierenden Verunsicherung (vgl. Moldenhauer/Wischer 2012: 88). Da diese Strukturen des Schulsystems allerdings nur durch tiefgreifende politische Reformen verändert werden können und da eine Veränderung derartiger Größe ein vollkommen neues Schulsystem nach sich ziehen würde, erscheint dieser Punkt als weniger Diskussionsrelevant. Dennoch gibt es Veränderungen auch struktureller Natur, die sehr viel realistischer umsetzbar sind. Die räumliche Struktur beispielsweise ist sehr wichtig für das Empfinden und Verhalten der Schüler und kann Formen abweichenden Verhaltens fördern (vgl. Moldenhauer/Wischer 2012: 88 f.). Der „broken window approach"-Ansatz beschreibt dabei dass eine Grauzone für Gewalttätigkeiten entsteht, wo ein Objekt kein Wert zugemessen wird (vgl. Moldenhauer/Wischer 2012: 89). Hierbei würde schon das mutwillige Verunstalten von Schuleigentum als Gewalt gelten, wie zum Beispiel das Bekritzeln von Toilettenwänden. Auch die Architektur kann Gewalt begünstigen, weil „Wächter" in Form von Lehrkräften nicht an jedem Ort sein können (vgl. Moldenhauer/Wischer 2012: 89). Uneinsehbare Orte können so zu einem großen Risiko werden. Eine Maßnahme, um derartige Orte erst einmal

8

aufzuspüren, besteht darin, den Grundriss der Schule an die Schüler auszuteilen (vgl. Seydel 2012: 100). Diese sollen dann mit traurigen und fröhlichen Smileys kennzeichnen, wo es oft zu Rempeleien und Gewalttaten kommt (vgl. Seydel 2012: 100). Nachdem anschließend geklärt wurde, woran dies liegen könnte, können dann gezielte Maßnahmen unternommen werden, um die bestehenden Probleme zu beseitigen (vgl. Seydel 2012: 100). Diese Maßnahmen können in Beispielsweise zwei Wegen bestehen. Zum einen Regulierung und Kontrolle, wie beispielsweise Rechtsverkehr auf engen Treppen, Barrieren an überfüllten Bushaltestellen oder Schlüssel für verwüstete Toiletten (vgl. Seydel 2012: 100). Zum anderen in der Deregulierung und Qualifizierung (vgl. Seydel 2012: 100). Dies könnte dadurch gewährleistet werden, dass Klassenräume während der Pausen geöffnet bleiben, dass Schülern mehr Vertrauen entgegengebracht wird und sie mehr Kompetenzen erhalten, dass Klassenräume und andere Orte, an denen sich die Schüler aufhalten, mehr Wert erhalten bzw. mit einem größeren Wert ausgestattet werden (vgl. Seydel 2012: 100). Sollen sich Schüler an einem Ort wohlfühlen, dann muss der Ort eine Wohlfühlatmosphäre auch ermöglichen.

Zusammenfassung

In einer Gesellschaft, in der schnell und häufig weggeschaut wird, kann sich dieses Verhalten ebenso schnell verstetigen, bis schließlich nur noch weggeschaut wird, während die Meinung vorherrscht, jemand anderer werde das Problem schon lösen. Sollten Lehrer also bei ihren Schülern auffällige Verhaltensweisen feststellen, sollte davon ausgegangen werden, dass dies nicht grundlos geschah, was bedeutet, dass diesem Verdacht auch nachgegangen werden sollte. Hierfür sind fünf Bereiche von großer Bedeutung.

Erstens ein dem Humanismus verpflichtetes Menschenbild (vgl. Gugel 2012: 94). Das bedeutet die Schüler nicht nur in gut und böse zu unterteilen, sondern anzuerkennen, dass in jeder Mensch etwas Gutes in sich trägt und nach Wachstum, Selbstverwirklichung und Sinnfindung strebt (vgl. Gugel 2012: 94).

Zweiter wichtiger Bereich ist der pädagogische Blick des Lehrers, bei dem der Charakter von Gewalt als weitgehend entwicklungsbedingtes und altersspezifisches, somit auch teils pubertäres Phänomen zu sehen, welche mit Herausforderungen und Problemen des Erwachsenwerdens einhergehen (vgl. Gugel 2012: 94). Dementsprechend kann Gewalt eine bloße Kommunikationsform sein, durch welche beispielsweise ein Hilferuf übermittelt werden soll, was für den Augenblick vielleicht keine adäquate Methode darstellen mag, vielleicht aber die einzig mögliche ist (vgl. Gugel 2012: 94). Daher darf das Übertreten von Regeln nicht als zentraler Aspekt des Verhaltens von Kindern gesehen werden.

Als dritter Bereich ist die Betrachtung des Systems um den Schüler herum zu nennen (vgl. Gugel 2012: 94). Menschen leben in Netzwerken bestehend aus sozialen Beziehungen. Durch und innerhalb dieser Bezugsgruppen formen und beziehen sie ihre Identität (vgl. Gugel 2012: 94). Gewalt ist damit nicht mehr nur eine individuelle Eigenschaft sondern stattdessen kontextgebunden als Beziehungsgeschehen (vgl. Gugel 2012: 94). Somit kann Gewalt auch nur ein Lösungsversuch für dahinterliegende Probleme sein.

Als viertes ist die Resilienzordnung zu sehen (vgl. Gugel 2012: 94). Die Fähigkeit Krisen unter Rückgriff auf soziale Ressourcen zu meistern und sich daraus weiterzuentwickeln, ist auch für die Entwicklung von Schülern keineswegs unerheblich (vgl. Gugel 2012: 94). Menschen sind nicht einfach nur Produkte ihrer Umstände und Sozialisation, sondern können sich laut dieser Annahme weiterentwickeln, wenn eine entsprechende Unterstützung vorliegt (vgl. Gugel 2012: 94 f.). Den wichtigsten Faktor, stellt dabei eine stabile emotionale Beziehung zu Vertrauenspersonen dar (vgl. Gugel 2012: 95). Sollte dieser in der Familie nicht errichtet werden können, muss er außerhalb der Familie platziert werden (vgl. Gugel 2012: 95). Auf diese Weise kommt es zu einem aktiven Problembewältigungsverhalten, der Erfahrung von Selbstwirksamkeit, ein positives Selbstwerterleben, zu stabilen Freundschaften und der Übernahme von Verantwortung (vgl. Gugel 2012: 95). Dabei ist die Zugehörigkeit zu einem größeren Verbund von Menschen eine unbedingte Voraussetzung für die Herausbildung von Resilienz.

Und der letzte Bereich betrifft die Schule an sich (vgl. Gugel 2012: 95). Sie muss Schulentwicklung und Gewaltprävention betreiben (vgl. Gugel 2012: 95). Positiv hierauf wirken sich sowohl die Entwicklung eines Schulethos, Verhaltensregeln, ein Konsens über das Zusammenleben und das Zusammenarbeiten, fachlich hochqualitativer Unterricht, soziale Schulqualität, Förderung, ein gutes Klassenklima und demokratische Teilhabe aus (vgl. Gugel 2012: 95). Dafür ist jedoch auch ein Umfeld von Nöten, dass diese Bemühungen unterstützt, fördert und die notwendigen Ressourcen bereitstellt.

In fünf einfacheren Schlagsätzen formuliert, ist also abschließend folgendes für die Gewaltprävention an Schulen zentral:

1. Kommunikation mit Schülern, Lehrern und Eltern
2. Kooperation mit Eltern und öffentlichen Stellen (Polizei, Jugendhilfe, ...)
3. ein gemeinsamer Plan, gemeinsame Regeln, gemeinsames Handeln
4. Gemeinschaft der Schüler fördern
5. eine gute Schule als Ziel.

Anhang

Anhang 01 – Täter-Opfer-Typologie

Schulische Gewaltformen und Täter-Opfer-Problematik 143

Tab. 1: Täter-Opfer-Typologie*

TÄTER			OPFER	
	3	Gewaltemergenz. Stärke der Gewaltbelastung	3	
	1	Aggressives Lehrerverhalten	5	
	2	Geschlechtsspezifik	10	
	8	Schulform: Mittelschule/Gymnasium	9	
	12	Leistungskonflikte mit den Eltern	11	
	13	Negative Beziehung zu den Eltern, schlechtes Familienklima	8	
4	Geringe Schulfreude (Fehlender Sinn schulischen Lernens)		Außenseiter	1
5	Geringes Vertrauen zu den Lehrern		Schlechtes Klassenklima	2
7	Geringe Fach- und Integrationskompetenz der Lehrer		Schlechtes Schulklima	7
6	Geringer Leistungsstatus		Leistungsangst	6
11	Schlechte räumliche Gegebenheiten (Schule, Klassenraum)		Negatives Selbstwertgefühl	12
9	Defizite der Schule bei der Vermittlung von Sozialkompetenz		Altersstufenspezifik	4
10	Defizite der Schule bei Vermittlung von traditionellen Lerntugenden (z.B. Ordnung)			

* Rangreihung von Merkmalen auf der Basis bivariater Zusammenhänge

Rostampour, Parviz/Melzer, Wolfgang, 1996: Schulische Gewaltformen und Täter-Opfer-Problematik, In: Schubarth, Wilfried/Kolbe, Fritz-Ulrich/Willems, Helmut (Hrsg.): Gewalt an Schulen. Ausmaß, Bedingungen und Prävention. Opladen, S. 131-148, S. 143.

Anhang 02 – Häufigste Kränkungsarten nach Kategorien der Mobbingforschung zusammengefasst in 13 Kategorien

- 1. Zuschreibung unerwünschter Eigenschaften (blöd, faul)
- 2. Bloßstellen, Vorwürfe vor der Klasse
- 3. Ausgrenzung (vor die Tür stellen)
- 4. Einschüchterung, Demotivieren
- 5. Körperverletzungen
- 6. Schreien, Beschimpfen, Beleidigen (Arschloch, Trottel)
- 7. Lächerlich machen, Beschämen (über Fehler lustig machen)
- 8. Ignorieren, missachten
- 9. Ungerechtes Verhalten (Ungleichbehandlungen, Bevorzugung von Lieblingen)
- 10. Verletzung von Rechten (Eingriff in Privatsphäre)
- 11. Weitergabe von Informationen (im Lehrerkollegium
- 12. Unterstellung von Fehlhandlungen oder Straftaten (Beschuldigungen)

Krumm, Volker/Eckstein, Kristin, 2001: Geht es Ihnen gut oder haben Sie noch Kinder in der Schule?. Befunde aus einer Untersuchung über Lehrerverhalten, das Schüler und manche Eltern krank macht, In:

http://www.sbg.ac.at/erz/salzburger_beitraege/herbst%202002/krumm_202.pdf [06.03.2013].

Literaturverzeichnis

Bandura, Albert/Ross, Dorothea/Ross, Sheila A., 1963: Imitation of film-mediated aggressive models. Journals of Abnormal and Social Psychology 66, S. 3-11.

Bertet, Roland/Keller, Gustav, 2011: Gewaltprävention in der Schule. Wege zu prosozialem Verhalten. Bern.

Gugel, Günther, 2012: Auf die Haltung kommt es an, In: Klaus Jürgen Tillmann (Hrsg. u.a.): Schüler – Wissen für Lehrer: Friedrich Jahresheft 2012 zum Thema Gewalt. Friedrichverlag, Seelze, S. 94-95.

Krumm, Volker/Eckstein, Kristin, 2001: Geht es Ihnen gut oder haben Sie noch Kinder in der Schule?. Befunde aus einer Untersuchung über Lehrerverhalten, das Schüler und manche Eltern krank macht, In:
http://www.sbg.ac.at/erz/salzburger_beitraege/herbst%202002/krumm_202.pdf [06.03.2013].

Melzer, Wolfgang/Schubarth, Wilfried/Ehninger, Frank, 2011: Gewaltprävention und Schulentwicklung, Bad Heilbrunn.

Merton, Robert K., 1948: The Self-Fulfilling Prophecy, In: The Antioch Review 8 (2), S. 193-210.

Michels, Inge, 2012: Präsenz als Signal. Gespräch mit Adelheid Engst über „Lehr-Körper" und Aggression, In: Klaus Jürgen Tillmann (Hrsg. u.a.): Schüler – Wissen für Lehrer: Friedrich Jahresheft 2012 zum Thema Gewalt. Friedrichverlag, Seelze, S. 96-97.

Moldenhauer, Stephanie/Wischer, Beate, 2012: Was ist „hausgemacht"?, In: Klaus Jürgen Tillmann (Hrsg. u.a.): Schüler – Wissen für Lehrer: Friedrich Jahresheft 2012 zum Thema Gewalt. 2012 Friedrichverlag, Seelze, S. 88-89.

Rostampour, Parviz/Melzer, Wolfgang, 1996: Schulische Gewaltformen und Täter-Opfer-Problematik, In: Schubarth, Wilfried/Kolbe, Fritz-Ulrich/Willems, Helmut (Hrsg.): Gewalt an Schulen. Ausmaß, Bedingungen und Prävention. Opladen, S. 131-148.

Schramkowski, Barbara, 2012: „Ich verletze niemanden im Herzen". Konflikt-KULTUR, ein Präventionsprogramm, In: Klaus Jürgen Tillmann (Hrsg. u.a.): Schüler – Wissen für Lehrer: Friedrich Jahresheft 2012 zum Thema Gewalt. Friedrichverlag, Seelze, S. 114-115.

Seydel, Otto, 2012: Un-Orte. Schularchitektur als Aggressionsauslöser, In: Klaus Jürgen Tillmann (Hrsg. u.a.): Schüler – Wissen für Lehrer: Friedrich Jahresheft 2012 zum Thema Gewalt. Friedrichverlag, Seelze, S. 100-101.